Highlights Hidden Pictures Eagle-Eye

똑똑해지는 NEW 숨은그림찾기 2

놀이터

KB026129

아라미

이렇게 활용하세요!

숨은그림찾기의 세계로 오신 것을 환영합니다.
그림 속에 숨은 그림을 찾으며 즐거운 시간을 보내세요!

숨은그림찾기를 하면서 관찰력, 주의력, 집중력을 키워요.

퍼즐 맞히기, 생각해 보세요를 하면서 사고력이 자라요.

숨은 그림에 스티커 붙이고 색칠하기, 내가 직접 만드는
숨은그림찾기 등의 활동을 통해 창의력과 상상력이 쑥쑥 자라요.

숨은그림찾기 이래서 좋아요!

- 숨은 그림을 찾으면서 주의력과 집중력이 자랍니다.
- 하나하나 세밀하게 살피는 관찰력을 키워 줍니다.
- 숨은 그림을 다 찾으려면 인내와 끈기가 필요합니다.
- 높은 성취감과 성실한 학습 태도를 길러 줍니다.

Highlights

Eagle-Eye
Hidden Pictures

2권

차례

8쪽에서
이 그림을 찾아보세요.

30쪽에서
이 그림을 찾아보세요.

33쪽에서
이 그림을 찾아보세요.

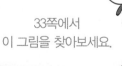

COVER ILLUSTRATED BY JEF CZEKAJ

놀이, 더 놀이

열기구 축제가 열렸어요! 여기저기 둘러보며 숨은 그림을 찾아보세요.

허리띠
belt

바나나
banana

눈물방울
teardrop

단추
button

막대사탕
lollipop

피자
pizza

열쇠
key

프라이팬
frying pan

도끼
ax

연
kite

북
drum

톱
saw

솔방울
pinecone

포도
grapes

빨대
drinking straw

노를 저어요

친구들이 노를 저으며 카누를 타고 있어요.
숨은 그림을 찾아 스티커를 붙인 후 예쁘게 색칠하세요.

6

체육관에서

친구들이 체육관에서 체조 연습을 하고 있어요.
체육관 곳곳에서 숨은 그림을 찾아보세요.

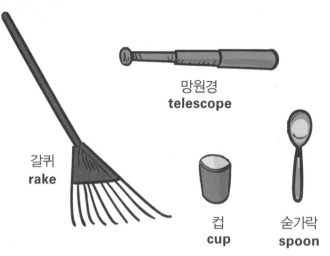

망원경
telescope

갈퀴
rake

컵
cup

숟가락
spoon

바나나
banana

책
book

나무망치
mallet

연필
pencil

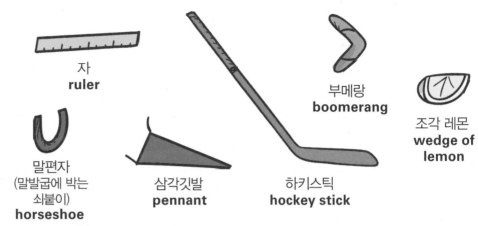

자
ruler

말편자
(말발굽에 박는
쇠붙이)
horseshoe

삼각깃발
pennant

하키스틱
hockey stick

부메랑
boomerang

조각 레몬
**wedge of
lemon**

퍼즐 맞히기

네 명의 친구들이 체조 대회에 참가했어요. 아래 설명을 읽고
누가 어느 요일에 어떤 종목에 참가하는지 알아맞혀 보세요.
맞는 칸에는 O를 하고, 맞지 않는 칸에는 X를 하세요.

	존	줄리	짐	질
도마				
평행봉				
평균대				
마루운동				
목요일				
금요일				
토요일				
일요일				

- 줄리는 평균대 경기가 열리기 전날 경기에 참가해요.
- 존은 마지막 날에 마루운동 경기에 참가해요.
- 첫날에는 남학생이 참가하는 도마 경기가 열려요.

도전해 보세요!

합창 대회가 열리고 있는 강당에 30개의 숨은 그림이 있대요.
하지만 어떤 그림이 숨어 있는지는 알 수 없어요.
자, 숨은그림찾기에 도전해 보세요!

ILLUSTRATED BY PAULA BECKER

아이스크림 가게

아이스크림 가게에 숨어 있는 그림을 찾아보세요.

ILLUSTRATED BY DAVE KLUG

조각 오렌지
**wedge
of orange**

연필
pencil

미식축구공
football

낚싯바늘
fishhook

편지봉투
envelope

꽃
flower

머리빗
comb

12 말편자
horseshoe

머그잔
mug

양초
candle

붓
**artist's
brush**

망치
hammer

골프채
golf club

돛단배
sailboat

내가 만드는
숨은그림찾기

그림을 그려서 아래 안경을 숨겨 보세요. 어떻게 해야 할지 잘 모르겠으면 위 그림을 참고하세요.

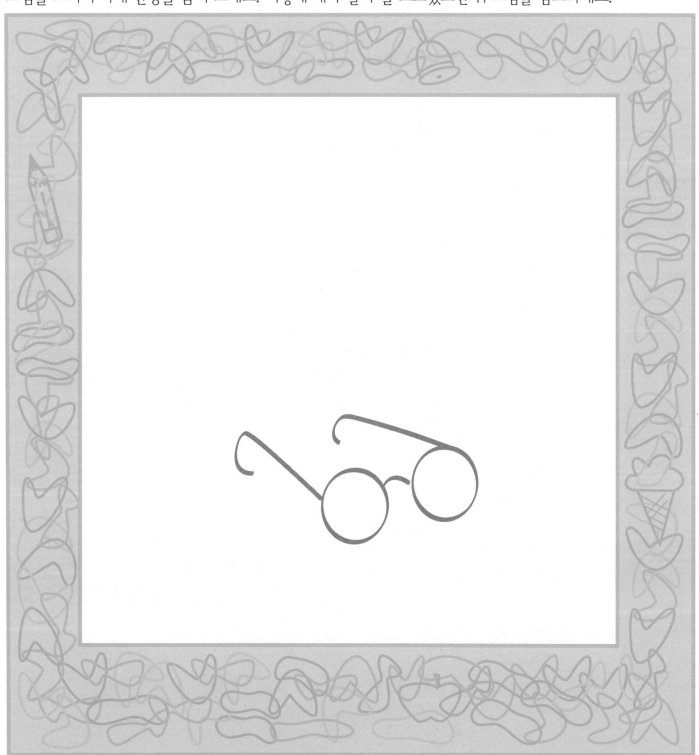

캠핑장에서

캠핑장에 숨겨진 20개의 별을 모두 찾아보세요.

생각해 보세요!

별은 밤에만 보여요. 낮에는 왜 별이 보이지 않을까요?

도시에서는 밤에 별이 잘 보이지 않아요. 이유가 뭘까요?

낮에는 볼 수 없고 밤에만 볼 수 있는 것에는 어떤 것들이 있나요? 네 가지만 말해 보세요.

야행성 동물들은 왜 어두운 밤에 활동할까요?

천문학자들은 별자리마다 각기 다른 이름을 붙여요. 만약 여러분이 천문학자라면 별자리에 어떤 이름을 붙이고 싶나요?

금성이나 화성과 같은 행성도 별처럼 빛을 내요. 별과 행성의 같은 점과 다른 점은 무엇인가요?

밤하늘에서 별이나 행성 말고 또 어떤 것들을 볼 수 있나요?

밤하늘 말고 또 어디서 별을 볼 수 있나요?

종이에 별을 그려 보세요. 그다음에는 눈을 감고 다시 별을 그려 보세요. 얼마나 비슷하게 두 별을 그렸나요?

햄스터 달리기 대회

햄스터들은 밤에 뛰어놀기를 좋아해요.
숨은 그림을 찾아 스티커를 붙인 후 예쁘게 색칠하세요.

외계인의 지구 탐험

저클, 여기가 바로 개들이 서로 만나서 킁킁거리며 일하는 곳이야.

재즈

재츠, 개들이 인간들의 주인 맞지?

맞아. 인간들은 얌전히 벤치에 앉아서 주인이 일을 끝내기만을 기다려.

저 개는 참 좋은 주인 같아. 저기 좀 봐! 인간들이 심심하지 않도록 공을 가지고 함께 놀아 주고 있잖아!

저클

숨은 그림을 찾아보세요.

깃털
feather

스프링
spring

자
ruler

마시멜로
marshmallow

벙어리장갑
mitten

조각 라임
wedge of lime

시나몬번
(계피가 든 둥근 빵)
cinnamon bun

편지봉투
envelope

이빨
tooth

양말
sock

버섯
mushroom

펼쳐진 책
open book

털모자
knitted hat

연필
pencil

WRITTEN BY ANDREW BRISMAN;
ILLUSTRATED BY GIDEON KENDALL

숨은 조각 찾기

오른쪽 그림에서 아래 퍼즐 조각 일곱 개를 찾아보세요.

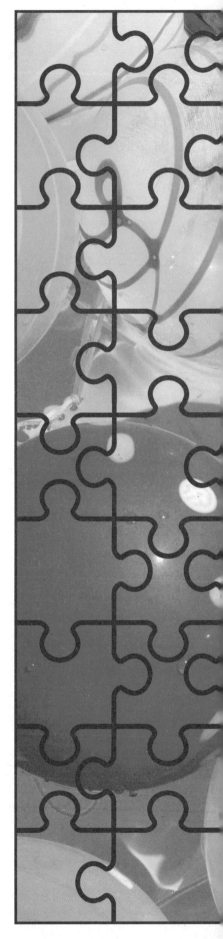

하이디와 지크 사라진 퍼즐을 찾아라!

잭은 퍼즐 맞추기 대회에 나갈 선수예요. 어느 날 잭이 하이디에게 전화해서 도움을 청했어요.

하이디와 지크가 도착하자, 잭은 하이디에게 탁자에 놓인 퍼즐을 보여 주었어요.

"퍼즐이 완성되었네!" 하이디가 말했어요.

"아니, 한 조각이 없어. 곧 퍼즐 맞추기 시합에 가야 하는데 어쩌지? 조각이 없으면 우승할 수 없어."
잭이 울상을 지으며 말했어요.

"나 말고 오늘 이곳에 온 사람이 있었니?" 하이디가 물었어요.

"엄마가 과자를 가져다주셨어." 잭이 대답했어요.

그때 지크가 꼬리를 흔들면서 탁자 위에 있는 접시에 코를 대고 킁킁거렸어요.

"지크! 먹으면 안 돼. 어? 지크가 잃어버린 퍼즐 조각을 찾아낸 것 같은데?"

잃어버린 퍼즐 조각을 찾아보세요. 그리고 다른 숨은 그림들도 찾아보세요.

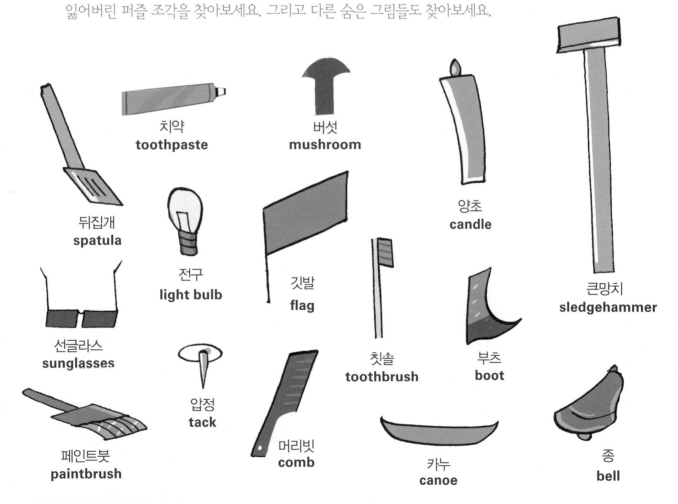

치약
toothpaste

버섯
mushroom

양초
candle

뒤집개
spatula

전구
light bulb

깃발
flag

큰망치
sledgehammer

선글라스
sunglasses

칫솔
toothbrush

부츠
boot

압정
tack

페인트붓
paintbrush

머리빗
comb

카누
canoe

종
bell

WRITTEN BY JULIE WINTERBOTTOM;
ILLUSTRATED BY CHUCK DILLON

볼링장에서

스티커
색칠하기

볼링공이 볼링핀을 향해 데굴데굴 굴러가요.
숨은 그림을 찾아 스티커를 붙인 후 예쁘게 색칠하세요.

니콜의 뜨개방

니콜의 뜨개방에서는 알록달록 예쁜 실과
뜨개질하는 데 필요한 모든 물건을 살 수 있어요.
숨은 그림을 찾아보세요.

벌집
beehive

서류 가방
suitcase

 조개껍데기
seashell

 계란
egg

돛단배
sailboat

지팡이
cane

 다리미
iron

 옷걸이
coat hanger

 피자
pizza

 도미노
domino

  헤어드라이어
hairdryer

 조각 라임
wedge of lime

 말편자
horseshoe

 물고기
fish

파티 모자
party hat

퍼즐 맞히기

네 명의 친구가 털실을 사러 왔어요.
누가 어떤 색의 털실을 샀으며 그 털실로 무엇을 뜰지 알아맞혀 보세요.
맞는 칸에는 O를 하고, 맞지 않는 칸에는 X를 하세요.

	낸시	한스	노라	니나
벙어리장갑				
털모자				
목도리				
스웨터				
파랑				
빨강				
초록				
분홍				

- 여자 친구들은 초록색을 좋아하지 않아요.
- 한스는 스웨터의 소매를 뜰 줄 모르지만 장갑의 손목은 뜰 줄 알아요.
- 낸시는 분홍색 물건에 털실 방울을 달고 싶어 해요.
- 니나가 마지막 남은 빨간 털실을 샀어요. 그래서 목도리를 뜨는 여자 친구는 자신이 두 번째로 좋아하는 색깔의 털실을 골랐어요.

ILLUSTRATED BY MIKE MORAN

비행기 만들기

준비물
- 마커 펜
- 발포플라스틱 케이스
- 가위
- 크레용
- 연필
- 스티커
- 클립

1 과일이나 음식을 포장할 때 쓰는 재활용 발포플라스틱 케이스를 구하세요. 마커 펜으로 발포플라스틱 케이스에 비행기의 몸체와 날개, 안정판을 그리세요. 그리고 몸체에 날개와 안정판이 들어갈 두 개의 선을 그으세요. (A그림을 참고하세요.)

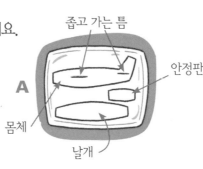

좁고 가는 틈
안정판
A
몸체
날개

2 비행기 몸체에 그은 선을 연필 끝으로 눌러 좁고 가는 구멍을 만들어 주세요. 선을 따라 비행기의 몸체와 날개, 안정판을 자르세요.
(B그림을 참고하세요.)

B

3 크레용과 스티커를 이용해서 비행기를 예쁘게 꾸미세요.
(C그림을 참고하세요.)

C

4 잘라 낸 비행기 날개와 안정판을 몸체에 있는 좁은 틈에 하나씩 끼워 넣으세요. 비행기 앞쪽에 클립을 끼우면 더 잘 날아요.
(C그림을 참고하세요.)

숨은 그림을 찾아보세요.

소금통
saltshaker

망원경
telescope

피자
pizza

사람 모양 생강 쿠키
gingerbread man

스톱워치
stopwatch

전구
light bulb

머그잔
mug

연필
pencil

조각 파이
slice of pie

헤어드라이어
hairdryer

페인트붓
paintbrush

장갑
glove

조각 치즈
wedge of cheese

바나나
banana

당근
carrot

ILLUSTRATED BY KELLY KENNEDY

29

비 오는 날

비가 멈추기 전에 숨은 그림을 찾아보세요.

ILLUSTRATED BY JACKIE STAFFORD

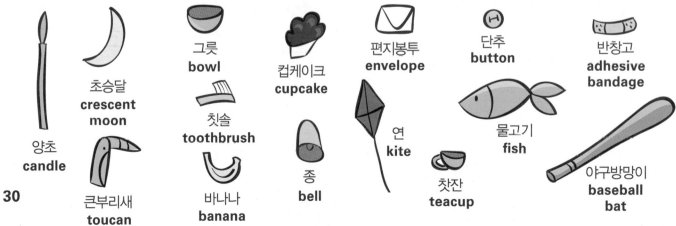

양초
candle

초승달
crescent
moon

큰부리새
toucan

그릇
bowl

칫솔
toothbrush

바나나
banana

컵케이크
cupcake

종
bell

편지봉투
envelope

연
kite

단추
button

물고기
fish

찻잔
teacup

반창고
adhesive
bandage

야구방망이
baseball
bat

내가 만드는
숨은그림찾기

그림을 그려서 아래 연필을 숨겨 보세요. 어떻게 해야 할지 잘 모르겠으면 위 그림을 참고하세요.

FRAME ILLUSTRATED BY MIKE MORAN

숲속에서

숲에 숨겨진 20마리의 새를 모두 찾아보세요.

생각해 보세요!

새들은 다양한 재료로 둥지를 지어요. 잔가지, 풀, 이끼, 털, 심지어 끈이나 철사도 이용하지요. 여러분이 새라면 무엇으로 둥지를 지을지 말해 보세요.

새들처럼 하늘을 날 수 있는 것에는 또 어떤 게 있을까요?

여러분이 새처럼 하늘을 날 수 있다면 어디로 날아가고 싶은가요?

남극에 사는 펭귄도 새의 한 종류예요. 펭귄은 다른 새들과 어떤 점이 다른가요?

새들에게는 깃털이 있어요. 깃털은 어떤 쓸모가 있을까요?

근처에 새가 있다면 고개를 돌려 살피지 않더라도 쉽게 알아챌 수 있어요. 어떻게 알 수 있나요?

숲에는 다양한 종류의 동식물이 있어요. 숲에 가면 무엇을 볼 수 있는지 이야기해 보세요.

새들의 종류를 어떻게 구별할 수 있을까요?

여기 더 멋진 놀이기구가 있어.
따뜻한 바람이 나와 옷을 말려 주고,
뱅글뱅글 돌려 줘.
이렇게 재미있는 워터파크에
매주 오다니 옷들은 얼마나 좋을까?

정말이네? 물에 보글보글
거품이 일어나고, 물방울이
사방으로 튀고 있어.
와! 너무 신나겠는걸!

재츠, 옷들이
너무너무 부러워!

저클

숨은 그림을 찾아보세요.

사다리
ladder

연필
pencil

크레용
crayon

원반
flying disk

파이
pie

도미노
domino

열쇠
key

찻잔
teacup

머핀
muffin

종
bell

깃털
feather

달걀 프라이
fried egg

물고기
fish

WRITTEN BY ANDREW BRISMAN;
ILLUSTRATED BY GIDEON KENDALL

35

사자의 미용실

사자들이 갈기를 예쁘게 꾸미고 있어요.
숨은 그림을 찾아 스티커를 붙인 후
예쁘게 색칠하세요.

36

재활용 센터

환경보호를 위해 염소들이 재활용 물건을 분류하고 있어요.
숨은 그림을 찾아보세요.

벙어리장갑
mitten

지팡이 모양 사탕
candy cane

단추
button

아이스크림콘
ice-cream cone

열쇠
key

반지
ring

손전등
flashlight

편지봉투
envelope

화분
flowerpot

깃털
feather

아이스바
ice-cream bar

프라이팬
frying pan

바나나
banana

물주전자
pitcher

펼쳐진 책
open book

ILLUSTRATED BY BRIAN WHITE

39

하이디와 지크
사라진 인형을 찾아라!

토요일 아침, 하이디의 친구 펠릭스는 가족 여행을 떠나려고 해요.

차에 짐을 다 싣고 떠나려는데 펠릭스의 여동생 로지가 소리쳤어요.

"토끼 인형이 사라졌어!"

로지는 토끼 인형을 찾기 전에는 여행을 가지 않겠다며 울었어요.

"울지 마. 우리가 인형을 꼭 찾아 줄게."

하이디가 약속했어요. 그러고는 지크에게 말했어요.

"지크, 넌 차 안을 살펴봐. 나는 집 안에 들어가 찾아볼게."

하이디가 토끼 인형을 찾지 못하고 돌아왔어요.

그런데 지크가 자동차 옆에서 꼬리를 흔들고 있는 게 아니겠어요?

"지크, 인형을 찾았구나!"

하이디가 차 안을 보니 펠릭스네 개 브루노가 토끼 인형과 함께 있네요.

토끼 인형을 찾아보세요. 그리고 다른 숨은 그림들도 찾아보세요.

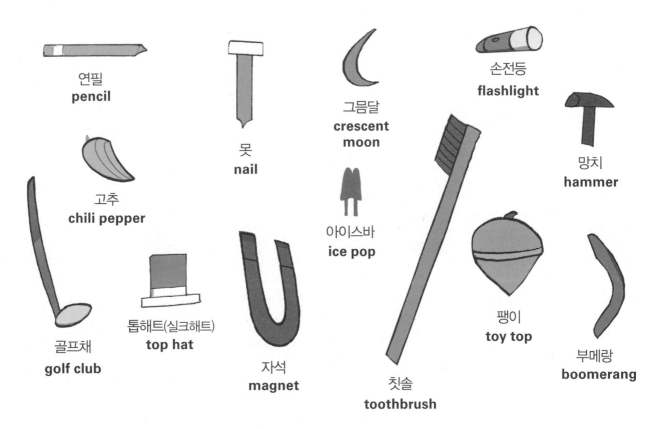

연필
pencil

못
nail

그믐달
crescent moon

손전등
flashlight

망치
hammer

고추
chili pepper

아이스바
ice pop

골프채
golf club

톱해트(실크해트)
top hat

자석
magnet

팽이
toy top

부메랑
boomerang

칫솔
toothbrush

WRITTEN BY JULIE WINTERBOTTOM;
ILLUSTRATED BY CHUCK DILLON

도전해 보세요!

노서관에 30개의 숨은 그림이 있대요.
하지만 어떤 그림이 숨어 있는지는 알 수 없어요.
자, 숨은그림찾기에 도전해 보세요!

말풍선 채우기

새가 무슨 말을 했을까요? 말풍선 안을 채워 보세요.
말풍선을 채운 후 숨은 그림을 찾아보세요.

지팡이, 머리빗, 장갑, 피자, 찻잔

44

ILLUSTRATED BY DAVID COULSON

4-5 높이, 더 높이

6-7 노를 저어요

8-9 체육관에서

9 퍼즐 맞히기

존 – 마루운동, 일요일
줄리 – 평행봉, 금요일
짐 – 도마, 목요일
질 – 평균대, 토요일

10-11 도전해 보세요!

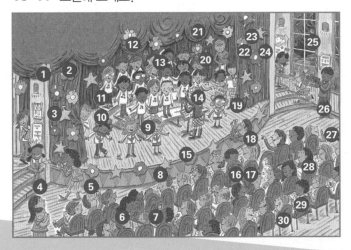

1 지팡이	11 실패에 감긴 실	21 달팽이
2 조개껍데기	12 바나나	22 허리띠
3 연필	13 장갑	23 깔때기
4 자	14 포크	24 셀러리
5 국자	15 좀	25 연
6 깃털	16 자물쇠	26 테니스 라켓
7 양말	17 당근	27 못
8 아이스크림콘	18 피자	28 단추
9 눈사람	19 부츠	29 숟가락
10 돋보기	20 클립	30 소금통

12 아이스크림 가게

14–15 캠핑장에서

16–17 햄스터 달리기 대회

18–19 외계인의 지구 탐험

20–21 숨은 조각 찾기

22–23 하이디와 지크,
사라진 퍼즐을 찾아라!

24–25 볼링장에서

26-27 니콜의 뜨개방

27 퍼즐 맞히기

낸시 – 털모자, 분홍
한스 – 벙어리장갑, 초록
노라 – 목도리, 파랑
니나 – 스웨터, 빨강

28-29 비행기 만들기

30 비 오는 날

32-33 숲속에서

34-35 외계인의 지구 탐험

36-37 사자의 미용실

38-39 재활용 센터

40-41 하이디와 지크,
사라진 인형을 찾아라!

42-43 도전해 보세요!

1 야구방망이	11 버섯	21 손전등
2 자석	12 부메랑	22 고래
3 압정	13 당근	23 연필
4 머리빗	14 클립	24 머핀
5 치약	15 야자나무	25 피자
6 바나나	16 칫솔	26 편지봉투
7 카누	17 빨대	27 그믐달
8 열쇠	18 손가방	28 반지
9 연	19 바늘	29 확성기
10 조개껍데기	20 숟가락	30 양말

44 말풍선 채우기

노를 저어요 6-7쪽

바나나
banana

반지
ring

포크
fork

벙어리장갑
mitten

연필
pencil

붓
artist's brush

아이스바
ice pop

조각 파이
slice of pie

망치
hammer

접힌 우산
closed umbrella

솔빗
hairbrush

양초
candle

클립
paper clip

숟가락
spoon

햄스터 달리기 대회 16-17쪽

하키스틱
hockey stick

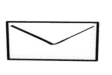
편지봉투
envelope

벙어리장갑
mitten

책
book

머그잔
mug

조각 라임
wedge of lime

선글라스
sunglasses

당근
carrot

국자
ladle

연필
pencil

하트
heart

조각 수박
slice of watermelon

칫솔
toothbrush

말발굽
horseshoe

볼링장에서 24–25쪽

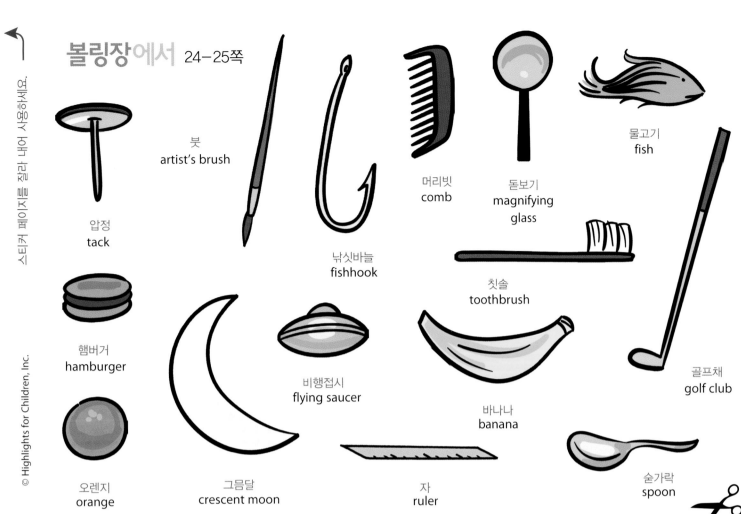

압정
tack

붓
artist's brush

낚싯바늘
fishhook

머리빗
comb

돋보기
magnifying glass

물고기
fish

햄버거
hamburger

칫솔
toothbrush

골프채
golf club

오렌지
orange

비행접시
flying saucer

그믐달
crescent moon

바나나
banana

자
ruler

숟가락
spoon

사자의 미용실 36–37쪽

가지
eggplant

지팡이 모양 사탕
candy cane

도마뱀
lizard

조각 레몬
wedge of lemon

고추
chili pepper

오리
duck

바나나
banana

당근
carrot

괭이
hoe

우유병
baby bottle

초승달
crescent moon

빨대
drinking straw

목걸이
necklace

나뭇잎
leaf